JN255276

もっと
音楽が
好きになる

こころの
トレーニング

大場ゆかり♥著

音楽之友社

はじめに

　あなたは、"こころ"をトレーニングしたことがありますか？

　ベルリン・フィルの首席フルート奏者であり、ソリストとしても世界的に活躍するフルート奏者エマニュエル・パユ氏は、あるマスタークラスで、自信を持てない受講生に向けてこう語っています。

「いいかい、演奏する瞬間に、
　世界で一番うまいのは他ならぬ君なんだ。
　自分自身にそう思えなくちゃいけないし、
　それが人にわかるように演奏する必要がある」

「重要なのは精神的な強さの問題で、
　それを自分自身で学ぶことが難しければ、
　専門家に学ぶべきなんだよ」と。

　他にも多くの世界的演奏家が、演奏のために"こころ"をトレーニングすることの重要性を認識し、実践しています。

この本は、音楽を学ぶ人が心理面の練習に取り組むための入門書
です。こころのトレーニング——専門的には「心理的スキルトレー
ニング」と呼びます——の基礎を中心に、本番の舞台で練習の成果
を存分に発揮し、いつも通りに演奏を楽しめるようにするためのヒ
ントも記しています。

　心理的スキルトレーニングは、1回試しただけで魔法のように効
くわけではありません。楽器や歌と同じように、日々の練習を積み
重ねて、力をつけてゆくものです。特別な練習ではなく、誰もが身
近なところから取り組むことができるのです。

　そして、身につけるのは、自分をコントロールする力と、自分で
考え、自分で決断する力です。これらは舞台の上だけでなく、日常
生活でもあなたをきっと支えてくれます。

　難しく考えなくても大丈夫です。
　できることから、こころのトレーニングをはじめましょう。

この本の構成

（ PART 1 ） しくみ解説編

「こころのトレーニングって何？」を説明していきます。
演奏する上で本当は大切なのに見過ごされがちな
「こころのはたらき」について
心理学的な側面から理解していきましょう。

漠然と感じていた不安も、
理由がはっきりと見えるようになるだけで
安心に変わっていくでしょう。

（ PART 2 ）「5つの基本スキル」編

自分のこころをコントロールしていく上で不可欠な
5つのスキルを紹介します。

　　もしかすると、5つのスキルの中には
　　無意識に実践しているものもあるかもしれません。
　　かんたんなトレーニングから始めて、
　　誰にでも身につけられるスキルです。

（ PART 3 ） 実践編

PART 2で紹介した5つのスキルを組み合わせて
「練習力」「本番力」「演奏力」を育てる方法を紹介します。
練習、本番などの各場面で適切な力が
発揮できるようになりましょう。

　　場面に合わせて力が発揮できるように、
　　練習や本番でのこころの準備や、音楽家の理想を取り上げます。

もっと音楽が好きになる
こころのトレーニング

目次

はじめに ·· 2
この本の構成 ··· 4

(PART 1) しくみ解説編 ······················ 9
誰にでもできる「こころのトレーニング」 ············ 10
演奏の練習と心理的スキルトレーニング ········ 12
「気持ちの問題」から「心理的スキル」に ·········· 14

column あなたに必要な「5つの基本スキル」は? ········ 16

(PART 2)「5つの基本スキル」編 ⋯⋯⋯ 17

5つの基本スキル ⋯⋯⋯⋯⋯⋯⋯⋯⋯⋯⋯⋯ 18

5つの基本スキル① イメージの活用 ⋯⋯⋯⋯⋯⋯⋯ 20
- イメージトレーニング ⋯⋯⋯⋯⋯⋯⋯ 22

5つの基本スキル② 緊張のコントロール ⋯⋯⋯⋯ 24
- リラクセーション技法 ⋯⋯⋯⋯⋯⋯ 26
- アクティベーション技法 ⋯⋯⋯⋯⋯ 28

5つの基本スキル③ ストレスマネジメント ⋯⋯⋯⋯ 30
- ストレス対処法 ⋯⋯⋯⋯⋯⋯⋯⋯ 32

5つの基本スキル④ 注意のコントロール ⋯⋯⋯⋯ 34
- 注意をコントロールする方法 ⋯⋯⋯⋯ 36
- パフォーマンス中の意識 ⋯⋯⋯⋯⋯ 38

5つの基本スキル⑤ 目標設定 ⋯⋯⋯⋯⋯⋯⋯⋯ 40
- セルフモニタリング ⋯⋯⋯⋯⋯⋯⋯ 42

心理的スキルトレーニングの組み立て方 ⋯⋯⋯⋯⋯ 46

column 音楽のすばらしさに光をあてよう ⋯⋯⋯⋯⋯ 48

（PART 3）実践編 ·· 49

心理的スキルを使いこなす ···················· 50

「練習力」を高める ······························ 52
- ● 動機づけ ································· 54
- ● セルフエフィカシー（自己効力感） ············· 56
- ● 練習の量と質 ···························· 58
- ● 練習の組み立て方 ························ 60

「本番力」を高める ······························ 62
- ● 練習段階の準備 ························· 62
- ● 本番前の準備 ···························· 64
- ● 本番後の振り返り ························ 66

「演奏力」を高める ······························ 68
- ● 音楽とコミュニケーション ·················· 70
- ● 成長的マインドセット ···················· 72
- ● グリット──やり抜く力 ·················· 74

おわりに ···································· 76

こころのトレーニング　キーワード集 ········· 78

PART
1

しくみ解説編

誰にでもできる「こころのトレーニング」

※スポーツ心理学から発展した心理的スキルトレーニング

スポーツ選手の競技力向上や実力発揮を目指して、スポーツ心理学を背景として発展したのが、**心理的スキルトレーニング**です。これは最高のパフォーマンスをもたらすために、理想的な心理状態を実現するためのスキル（技術・技能）を身につけ、適切な場面で適切なスキルを有効に活用できるようになることを目指すものです。メンタルトレーニングとも呼ばれます。

近年では、スポーツ選手のみならず、手術を執刀する外科医、ビジネスマン、エンジニア、弁護士、ニュースキャスター、そして音楽家や俳優、ダンサーなどの芸術家まで、あらゆる分野で広く用いられています。

※心理的スキルトレーニングの目標

心理的スキルトレーニングの目標はふたつあります。ひとつは、自分をコントロールできるようになること。具体的には

①どうすればよいのかわからない状況をなくし
②こうすれば大丈夫という対処法を知り
③いつでも効果的に使うことができるようになる

ことです。たとえば、緊張しないようになることを目指すのではなくて、

①緊張のメカニズムを理解し、その兆候に気づき、②対処法を習得して、③いつでも緊張に対処することができる自信を持つことです。

　もうひとつは、自分で考え、自分で決断することができるようになること。受け身になってやらされるのではなく、どうすればいいのかを考えて主体的・自律的に取り組み、自分が主人公になって、自分で自分自身の先生やコーチになることを目指します。心理的スキルトレーニングは、パフォーマンスの向上だけではなく、人間的成長のためのトレーニングでもあるのです。

※心理的スキルトレーニングは"意識すること"から

　心理的スキルトレーニングというと、何か特別な知識や技術のように思ってしまうかもしれませんが、実は多くの人が深く考えずに練習や本番の前に行ってきたことも、立派な心理的スキルトレーニングになり得るのです。たとえば……

- ●練習前後に深呼吸をしたり、目を閉じたりして心を落ち着かせる
- ●練習中に集中できなくなったときに気分転換をする
- ●ちょっとした空き時間や移動時間を利用して曲のイメージを膨らませる
- ●本番で拍手喝さいを受けている自分をイメージする
- ●寝る前にリラックスする時間をとる
- ●練習記録をつける

　これらを無意識に実行してきた人もいるかもしれませんね。心理的スキルトレーニングでは、これらの取り組みを無意識にではなく、意識的に行うことで効果を大きな成果へと変えていきます。本書を読んで、まずはできそうなことから始めてみましょう。

演奏の練習と
心理的スキルトレーニング

※心理的スキルトレーニングの実践度と重要度

　本番で自分の音楽を奏で、表現することを目指して、日々練習を重ねているものの、結果につなげられないという悩みや相談は絶えません。悔しい経験を経て、次こそはの思いを胸に、様々な工夫を凝らして練習を重ねている人も多いと思います。工夫やチャレンジのひとつの方法として、心理面の課題について考え、練習に取り入れてみたいという声も聞こえてきますが、取り組むきっかけもなく、いざやってみようと思っても何をどのように行えばいいのかわからないこともあるようです。

　そこで、まずは、本番に向けてのあなたの練習状況と考えを"見える化"してみましょう。ここでは、心理状態を数値で表すスケーリング・クエスチョンという方法を用います。

Q1. 本番に向けての準備段階で、**演奏面と心理面**を、それぞれどのくらい**実際に練習**していますか？
　　全体（10）のうち、どのくらいの割合になるか、記入してみてください。割合は、練習回数でも、課題への取り組み状況でも、自分が思った基準で答えてかまいません。

Q2. 本番で満足のいく演奏をするためには、演奏面と心理面それぞれの**重要度**は、どのくらいの割合だと思いますか？

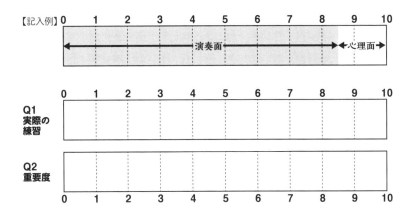

※やがて咲く大輪の花の種をまく

　実際の練習と重要度の割合は一致しましたか？　それとも差がありましたか？

　これまでに、同じ質問を多くの人にしてきたところ、実際に実施している練習の大部分は演奏面の練習が占めており、心理面の練習の実施状況は0～2程度、しかし重要度は心理面が大きいとの回答がほとんどでした。ということは、多くの人が心理面の練習について、重要性を認識していても行い方がわからない、あるいは演奏面の練習が優先で心理面の練習には時間を割くことができないのではないでしょうか。

　歌や楽器の練習に加えて、まったく別個に心理面の練習を追加するのは誰にとっても負担が大きすぎるものです。心理的スキルトレーニングをいきなり本格的に導入するのではなく、今まで取り組んできた演奏面の練習の中や前後に行えそうなトレーニングを、少しだけ取り入れることが、将来への種まきになるのです。たとえば、本番での演奏をイメージするだけでも、トレーニングとして意識して行えば大きな力になっていくのです。

「気持ちの問題」から「心理的スキル」に

※演奏技術は工夫して練習できるのに……

　本番で緊張してしまう、力を出せないと悩んでいる人に、本番までにどのような準備をしているのか、どうすれば克服できると思うかとたずねてみると、ひたすら繰り返し練習する、練習量を増やすなどの答えが返ってきます。そして、あれほど練習したのにできなかった、うまくいかなかったことの理由については、考えあぐねた挙げ句に「気持ちの問題」と結論づけてなんとなく納得しているようです。「気持ちの問題」、「精神力やメンタル面の弱さ」は、どうにもならない仕方のないことだと、さじを投げているような状態です。その結果、具体的な行動や準備をしないまま次の本番に臨んでしまい、うまくいかずに、やっぱり自分はダメだと落ち込んでしまうという負のスパイラルに陥っているようです。

　演奏の練習であれば、難しいフレーズを難しいからといって練習しないようなことはありません。手が小さいから、音を出せないから、苦手だからと言って、最初から無理だと決めつけてしまったり、仕方ないとあきらめてしまうのではなく、できるようになる方法を考え、弱点を補うための工夫をしてなんとか克服しようと努力を重ねるはずです。にもかかわらず、「気持ち」に関しては、そうしたことをあきらめてしまっているのはなぜなのでしょう。

PART1·しくみ解説編

※「気持ちの問題」のままでは対処できない

　「気持ちの問題」を克服しようとせず、すぐにあきらめてしまうのは、問題の具体的な内容や、克服するための練習法がわからないためではないでしょうか。「気持ちの問題」を克服できれば、失敗なく演奏できるようになったり、望むような良い結果を得られるかもしれないと思っていても、いざ何をすればよいのかと考えると、明確な答えはなかなか出てきません。

　これは、そもそも「気持ち」「精神力」「メンタル」という言葉がブラックボックス化していて、中身や意味がはっきりせず、あいまいに使われているからです。結果として、うまくいかない原因がわからないままなので、適切な対処を取りようがありません。

※心理的スキルを磨く

　そこで、「気持ち」などと呼んでいたものを、「最高のパフォーマンスを引き出す、理想的な心理状態にする技術＝**心理的スキル**」と考えてみましょう。すると、たとえば、

・本番に向けて準備・計画する技術
・コンディションを整える技術
・現状や課題をとらえる技術
・緊張や不安などのストレスに対処する技術

など、必要な技術がわかりやすくなります。心理的スキルを磨くことで、困った状況にも具体的な備えや対処ができるようになるのです。

　PART2では、心理的スキルを詳しく紹介していきます。

COLUMN

あなたに必要な「5つの基本スキル」は?

PART2では、心理的スキルトレーニングの基本となる
5つの基本スキルをもとにして悩みに対処していきます。
あなたはどのスキルが特に欲しいか、探してみましょう。

想定外の事態に弱い

➡ **イメージの活用**（p.20）で
様々な状況を想定した準備をしよう

本番でとにかく緊張する

➡ **緊張のコントロール**（p.24）で
自分に合った落ち着き方を見つけよう

プレッシャーを感じやすい

➡ **ストレスマネジメント**（p.30）の方法を身につけよう

練習や本番中に気が散ってしまう

➡ **注意のコントロール**（p.34）で集中する練習をしよう

「金賞！」など漠然と目標を立てっぱなしで終わりがち

➡ 達成できる**目標設定**（p.40）でステップアップしよう

それでは、PART2に進みましょう。

PART
2

「5つの基本スキル」編

5つの基本スキル

※演奏技術も心理的スキルも、練習で上達する

スキル（技術・技能）は練習や経験を積むことによって上達します。心理面の練習をしないまま本番を迎えるのは、譜面を一度も見ず、演奏面の練習を何ひとつしないまま本番に臨むのと同じことです。本番に強いこころは、与えられた才能などではなく、練習と経験の積み重ねの結晶なのです。誰もが、もっと良いパフォーマンスを目指せるということを踏まえて、心理的スキルトレーニングに取り組みましょう。

※5つの基本スキル

スポーツ心理学者のレイナー・マートン博士は、スポーツにおいて心理的スキルトレーニングで獲得を目指すスキルとして、**①イメージの活用**、**②心理的エネルギーのコントロール**、**③ストレスマネジメント**、**④注意のコントロール**、**⑤目標設定**の5つを挙げています。これを、音楽に当てはめたのが右の表です。

基本スキルは互いに関連しあっているため、ひとつのスキルを高めることは、他のスキルを高めることにもつながります。

難しく感じるかもしれませんが、これらは、多くの音楽家・演奏家が、すでに日常的に実践していることばかりです。それぞれのスキルについて、順番に見てみましょう。

PART2・「5つの基本スキル」編

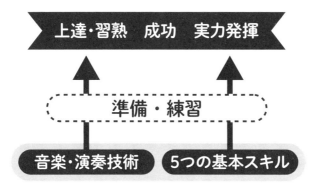

5つの基本スキル	音楽での実践
①イメージの活用	●理想の演奏のイメージをもつ ●イメージの中で練習する ●曲のイメージを膨らませたり、情景を思い浮かべる
②緊張（心理的エネルギー）のコントロール	●パフォーマンスに適した心理面のコンディションをつくる ●緊張や不安に対処する、心身をリラックスさせる ●やる気が出ない時に切り替える、心身を活性化する
③ストレスマネジメント	●ストレスのしくみを学ぶ ●自分のストレスやストレス対処法の特徴を知る ●様々なストレス対処法を準備する ●ストレスとうまく付き合う
④注意のコントロール	●集中とリラックスを切り替える ●余計なことに気を取られない ●集中が途切れてもまた集中する ●演奏中に意識を向ける対象・範囲・方向と量・バランスを必要に応じて切り替える
⑤目標設定	●練習の予定・計画を立てる ●夢を実現するためのステップを明確にする ●確実に遂行できる現実的な行動目標を立てる ●目標達成に向けたプロセスや行動を記録する

5つの基本スキル①
イメージの活用

※思い浮かべるだけで練習になるの?

　5つの基本スキルの中で、最初に挙げられるのがイメージの活用です。その入り口として、イメージの力を体感するための実験をしてみましょう。

実験①　梅干しやレモンを思い浮かべます
　　できるだけ鮮明に色や形を思い浮かべます。
　　鮮明に思い浮かべたら、口の中に入れたときのことを
　　思い浮かべてみましょう。
　　そのとき、身体にどのような変化が起きますか?

実験②　梅干しもレモンも絶対に思い浮かべないようにします

　実験①では、実際に梅干しやレモンが口の中にあるわけではないのに、唾液がでてきたり、頬のあたりがキュッとなったりしたかもしれません。イメージすることで、実際には起こっていないことなのに、起こっているときと同じように脳からの信号が身体に送られるのです。この原理を応用して考えると、演奏しているイメージ(頭の中での練習)にも、実際に身体を動かして音を出して行う練習と同程度か、それ以上の練習効果があると言えます。

　実験②で梅干しやレモンを絶対に思い浮かべないようにしようと思えば思うほど、梅干しやレモンが頭から離れなくなってしまうのは、一度イメージが頭に植え付けられると、否定してイメージしないようにすることが難

しいからです。「間違えたらどうしよう」「あがってしまうかもしれない」と思った直後に間違えたり、あがってしまうのは、間違えてしまって焦っている状態や光景をイメージの中で練習してしまった結果です。これでは、自分で自分に間違えるおまじないをかけているようなものです。

※イメージの力を活用する

　イメージの力はとても強力です。うまくいくイメージを繰り返し思い浮かべることで、うまくできるようになり、自信も湧いてきます。上手な人を真似て弾いて・吹いてみると、うまく演奏できるようになるというのもイメージを応用した練習方法です。うまく弾けない難しいパッセージを練習する前に、弾けているイメージを思い浮かべてから練習するのもよいでしょう。

　本番は誰にとっても一度きりの舞台ですが、本番前に本番を何度も経験できる方法があります。それが**イメージリハーサル**です。初めての本番も、アクシデントへの対応も含めて何度もイメージリハーサルで経験したことがある"慣れた本番"になれば、いつも通りに落ち着いて演奏することができる可能性がぐっと高まります。

　本番になると、周りの人がとても上手に見えて自信が無くなってくることがあります。そんなときには、自信があるときの振る舞いや動作をして、自信があるふりをしてみましょう。胸を張って、目線を少し上げ、笑顔をつくり、ゆったりとした動作にして、大きく腕を振って歩幅を広めに歩くのです。自信があると思う人、たとえば、先生や憧れの演奏家になりきって、その人を演じてみましょう。自信があるときの振る舞いや動作が、自信のある人のイメージや良い状態のイメージを鮮明にし、不要な不安や緊張から自由になったいつも通りの演奏を可能にしてくれます。

イメージトレーニング

　イメージトレーニングをするために、イメージしやすいコンディション
づくりから始めましょう。衣服のボタン、ベルト、アクセサリーなど、圧
迫感や重さを感じるものは、あらかじめ緩めたり、はずしておくとよいでしょ
う。姿勢は、座る、横になる、立ったままのいずれでも構いません。リラッ
クスして、呼吸に意識を集中して適度な集中状態をつくります。イメージ
を想起する際、目は閉じても、閉じなくても構いません。

　適度な集中状態ができたら、イメージを想起します。好きな色や好きな
風景、落ち着く場所など、ひとつの事柄に限定した単純なイメージを想起
します。音、におい、味、風、温度、感触、力の入り具合やリラックス感
といった五感を駆使してイメージを鮮明にし、深めていきます。
　次に、楽器、服装、会場の様子など、パフォーマンスに関するイメージ
を組み合わせて、動かない絵のような静的イメージで想起します。

　ここからは応用です。トレーニングの目的に応じて想起するイメージの
テーマやタイプを組み合わせて、物語のように進めていきます。イメージ
を途中で切り替えたり、タイプを変えたりしながら練習しましょう。

イメージする目的、テーマ

●うまくなりたい
　➡イメージリハーサル：できるようになりたいことをイメージで練習する
　➡ベストパフォーマンスイメージ：これまでで最も良かったパフォーマンスの場面を
　　イメージし、身体感覚や思考を定着させる

●心身のメンテナンスをしたい
　➡リラックスイメージ：安らげる場所や場面をイメージする
　➡疲労回復のイメージ：体から疲れが抜けていく様子や感覚をイメージする

イメージのタイプ

- ●**外的イメージ・観察イメージ**
  パフォーマンスしている自分を別の自分が見ているイメージ
- ●**内的イメージ・体験イメージ**
  演奏中の身体感覚（呼吸、筋肉の動き）、音やリズムを感じるイメージ
- ●**全体イメージ**
  本番の日の朝から夜までや、舞台袖から演奏終了までなどのまとまったイメージ
- ●**部分イメージ**
  始めの音を出す瞬間や、演奏後の拍手などの限られた場面のイメージ

※実施上のポイント

　うまくいかないイメージが浮かんだら、うまくいくポジティブなイメージに変えるように試します。どうしても変えられないときには、声を出して「ストップ」と言ってイメージを止めましょう。

　目を閉じて行うと、急に体を動かすとめまいや立ちくらみなどが起こる場合があるので、これから目を開けることを身体に知らせる合図として、腕の曲げ伸ばしや手のグーパー、背伸びなどを数回繰り返してから目を開けます。これを**消去動作**といいます。

　トレーニング後には振り返りを行います。課題、実施場所、時間などや、イメージの鮮明度やリラックス度、イメージ体験の内容を記録しましょう。トレーニングの効果が高まり、新たな課題を見つけられるはずです。

　トレーニングは1～2分程度のセッション（継続してイメージ想起する時間）ごとに休憩をはさみ、2～3セッション繰り返して合計30分以内、週に2～3回以上行います。

5つの基本スキル②
緊張のコントロール

※緊張は本番への準備完了のサイン

　本番や試験など、プレッシャーのかかる状況での演奏のことを思い出してくださいと言うと、顔を曇らせて「思い出したくない！」と悲鳴にも似た声を上げる人が少なくありません。一方で、「今までに一度も緊張したり、あがったりしたことはない」と勇ましく答える人もいますが、本番では緊張して当たり前と考えていたり、緊張しているときの方が良い演奏ができるなど、緊張を前向きにとらえていることが多いようです。

　緊張しない人は存在するのでしょうか。答えはNoです。
　緊張は、ストレスの原因となるできごとに対して心身が示すストレス反応のひとつで、人間が刺激にさらされたときに緊張を示すのはごく自然なことです。本番で緊張しないという人にも、実はストレス反応が起きているのです。
　緊張というとネガティブな印象が先立つかもしれませんが、嬉しいとき、やる気が高まっているときと実は同じような状態で、身体がストレスに立ち向かう準備ができていて、力を発揮できるように助けてくれていることを示すサインなのです。ですから、緊張への対処法を考えるなら、緊張をなくすのではなく、緊張とうまく付き合うことを考える方が大切です。

※認知的評価

　緊張は、**認知的評価**との関係によって生じます。認知的評価とは、外部からの刺激や変化をどう受け止め、意味づけをするかのことです。

練習でも本番でも、演奏するという行為は同じはずですが、「これは大切な本番」「間違えてはいけない」「うまく弾かなくてはいけない」などの思いが認知的評価となって緊張度に影響を及ぼし、いつも通りのパフォーマンスが阻害されてしまっているのです。つまり、緊張を作り出しているのは自分自身の頭の中なのです。ですから、ゆくゆくは自分の考え方、つまり認知そのものを変えていくことも必要です（p.33）。

※緊張とパフォーマンスの関係

　緊張は、失敗や問題の原因になると思われがちですが、実は良いパフォーマンスのためにも不可欠で重要な要素なのです。下の図は、**緊張度（覚醒水準）** とパフォーマンス（実力発揮度）との関係を示した、**逆U字曲線** と呼ばれる概念図です。緊張が高すぎても低すぎても、良いパフォーマンスは望めません。本番で良いパフォーマンスを生み出すのは、ほどよく緊張している状態、つまり良い緊張感をもっている状態なのです。このとき、落ち着きがあり、手足は温かい、最も理想的な心身の状態です。

　こころに直接アプローチするのはコツがいり、考えすぎて不安が高まる場合もあります。まず身体の緊張を適度にすれば、自然と心身が整います。

　次は、良い緊張感に整えるためのリラクセーション技法とアクティベーション技法を説明していきます。

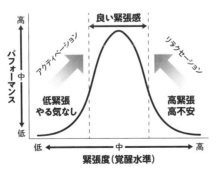

緊張度（覚醒水準）とパフォーマンスの関係

リラクセーション技法

　緊張度が高すぎると、手や足が冷たくなる、ドキドキする、動きがぎこちなくなるなどの身体の変化が現れたり、普段だったら絶対にしないようなことをしてしまったりします。このような場合は**リラクセーション技法**で緊張を和らげ、良い緊張感の状態をつくります。その中でも行いやすく、よく用いられるのが、**呼吸法**と**筋弛緩法**です。こころと身体は密接につながっていることから、身体の緊張を緩めることで、こころの緊張も和らぐという原理を応用しています。いずれも、効果的な回数や秒数は人によって異なるので、より心地良いように変更してかまいません。

呼吸法

① 身体の中にある息すべてを、口から、ゆっくり、吐ききります

② すべての息を吐ききったら、

　　鼻から静かにゆっくりと息を吸います ························· 4 カウント

③ 一度、息を止めます ·· 1 カウント

④ 口から、静かにゆっくりと息を吐きます ·························· 5 カウント

⑤ ②から④の呼吸を数回から数分間、繰り返します

ポイント

・吐く息から始める。

・吸う息は鼻から、吐く息は口から。吸う息より、吐く息を長く。

・目を閉じて行った場合は消去動作（手のグーパー、腕の曲げ伸ばし、背伸びなど）をしてから目を開ける。

　リラクセーション技法での呼吸法は、吐く息を長めにした腹式呼吸、いわゆる深呼吸です。呼吸は、心地良いと感じられる、ゆったりとしたペースで行います。おなかに手を当てて呼吸を感じながら行ってもよいでしょう。目を閉じて行うと、よりリラクセーションが深まりますが、緊張度（覚醒

水準）が下がって、まどろんでいるような状態になることもあるので、必ず消去動作（p.23）を数回行ってから、ゆっくりと目を開けるようにしてください。

　息を吐くときには、嫌な気持ちや不安・緊張もすべて息と一緒に身体の外に出し切ってしまうイメージ、息を吸うときには、空気と一緒にやる気や自信の源となるパワーやエネルギーを取り込んでいるイメージ、身体全体にじんわりと広がっていくようなイメージ、その力に身体全体がすっぽりと覆われて自分を守ってくれるバリアとなっているようなイメージなどを加えながら行うと、さらに効果的です。

筋弛緩法

●背伸び ➡ 脱力
●肩を耳につくくらいまでグーッと持ち上げる ➡ 脱力
●こぶしをギューッと強く握る ➡ 脱力
●目をギュッと閉じる ➡ 脱力／目を見開く ➡ 脱力
●奥歯を噛みしめる ➡ 脱力

ポイント
・リラックスしたい部位に、力を数秒間入れてから脱力する。

　筋弛緩法は、身体の各部位に数秒間力を入れてから抜く、緊張と弛緩の繰り返しによって、リラックスを深めていく方法です。力が入っている感覚や力が抜けていく感覚に注目し、力を抜いた後のじんわりとした感覚、ふわっと温かくなるような感覚をじっくりと味わいます。力を入れるときに息を吸い、力を抜くときに息を吐くようにすると、より脱力感を感じやすくなります。力んでいる箇所ごとに、それぞれ試してみましょう。

アクティベーション技法

　緊張度が低いと、本番前なのに本番に臨む気持ちになれない、身体に力が入らない、やる気が出ない、眠い、集中できないといった状態になります。そのような場面では、適度に身体とこころを活性化してパフォーマンスに最適な良い緊張感をもった状態に整えます。そのための方法を、**アクティベーション技法**といいます。アクティベーション技法には、身体へのアプローチ方法とこころへのアプローチ方法があります。

　身体へのアプローチ方法では、身体に刺激を与えて呼吸や心拍数を上げ、身体の興奮を適度に高めます。たとえば、身体を使ったゲームや遊びを行うなどです。最初からこころにアプローチするよりも、身体の活性化から始めた方が自然と心身ともに整いやすく、効果的です。

　こころへのアプローチ方法では、気持ちや集中を適度に高めます。たとえば、理想とする演奏やベストパフォーマンスを思い浮かべたり、**キューワード**や**セルフトーク**を用いるなどです。

　キューワードとは、やる気の出る言葉、自分を励ます言葉、集中を高める言葉、スローガンなど、こころにアプローチできる言葉です。やる気スイッチとも言い換えられるでしょう。その時々の気分で変えるのではなく、本番のときだけ用いるのでもなく、一定の決まった言葉を、普段の練習や日常生活の中でも用いて、スイッチの精度を高めておくことが大切です。

　セルフトークとは、こころの中のつぶやきや声に出したひとりごとです。自己会話とも言います。キューワードと同じく、こころにアプローチできますが、ネガティブなセルフトークになると逆効果なので注意が必要です。

キューワードやセルフトークは人によって様々です。たとえば

「**よし！**（キューワードの例。口角が上がって笑顔になる）

私は○○さん（憧れの演奏家）**だ！**」

と声に出して言うなど、様々な組み合わせが考えられます。

アクティベーション技法の例

	目的	方法
身体へのアプローチ	呼吸や心拍数を上げる	●笑う ●おしゃべりする ●ジャンプする ●その場で駆け足 ●踊る ●スピード感のあるゲームや遊び 　（あっち向いてホイ、じゃんけん、脳トレなど）
	身体への外部刺激	●たたく ●なでる、さする ●ストレッチ ●大きな声を出す
こころへのアプローチ	理想とする演奏のイメージ 成功体験イメージ	●憧れの演奏家の演奏を思い出す ●良い演奏ができたときのことを思い出す ●演奏後の拍手喝采をイメージする
	キューワードの利用	●キューワードを取り入れたセルフトーク ●キューワードを繰り返し唱える
	集中を高める	●今、行うべきことのみに意識を向ける ●呼吸に注意を向ける

5つの基本スキル③
ストレスマネジメント

※ストレス＝こころと身体が頑張っている状態

ストレスとは、こころと身体が、外からの力や刺激を受けていつもと違う状況にあるとき、元に戻ろうと頑張っている状態です。木が強風にあおられて、たわんでいる様子をイメージすると分かりやすいかもしれません。外からの力や刺激（**ストレッサー**）を受け続ければ、やがて枝や幹は折れてしまいます。なんとかしなくてはとこころも身体も頑張り続ければ、様々な症状や行動の変化が現れます。これが**ストレス反応**です。

※ストレスに対する考え方

ストレスというと、嫌なことやつらいこと、苦しいことばかりだと考えてしまいがちですが、実は、嬉しいことや楽しいことも含め、いつもと違うことや変化はすべて、ストレスの原因（ストレッサー）です。遠足や旅行の前の晩にウキウキして眠れない、普段はまったくほめてくれない先生がほめてくれて嬉しくて舞い上がってしまう、これもストレス反応です。

外からの刺激や変化といったできごとは、始めからストレッサーとして私たちの身に降りかかるわけではありません。たとえば、p.24で取り上げたように、演奏するという行為そのものは練習でも本番でも同じですが、できごとをどう受け止め、どう意味づけをするかという認知的評価によって、ストレス反応を生むストレッサーになります。

ストレスの発生経路

　本番を「うまく演奏しなくちゃ」「ミスは許されない」「失敗したら怒られる」と思うと、それによって、本番で演奏することはあなたにとって大変なストレッサーになり、不安や緊張が大きくなります。一方、本番を「これまで練習してきた通りに演奏しよう」「今の自分にできる精一杯で臨もう」「お気に入りの素敵なドレス姿を披露できる」「演奏を聴いてもらえるなんて嬉しい」と思って迎えるならば、本番で演奏することはあなたにとってチャンスやチャレンジとなり、楽しみになります。

※ストレスは成長の原動力

　もし、すべてのストレスから解放されたらバラ色の生活が待っているのでしょうか？　残念ながら、そうはなりません。人間が成長するためには、適度で有意義な善玉ストレスが不可欠だからです。

　たとえば、次に取り組む曲が難しいとき、難しすぎて無埋だと最初からあきらめたら、心身や行動に様々な悪影響をもたらしてしまいます。反対に、難曲だけど挑戦してみようと取り組めば、そのプロセスで自信や達成感を得て、さらに次のステップへと進むモチベーションになります。このように、同じできごとから生まれるストレスであっても、緊張や不安の原因にも、成長をもたらす挑戦の機会にもなりえるのです。

ストレス対処法

　ストレスとうまく付き合えるようになるためには、ストレスを予防・対処できるようになることが必要で、これらを**ストレスマネジメント**と総称します。ストレスを理解し、ストレスに気づいて、ストレスに対処する力を身につけましょう。ストレスの発生段階は3つに分けられ、段階によって有効な対処が異なります。

①刺激発生時

　ストレッサーとなる刺激が発生する段階です。ストレッサーを取り除くために環境を調整し、アサーション（相手と自分の感情を荒立てず、穏やかに、かつ、しっかりと気持ちや意見を伝える）を行います。

②ストレス発生時

　刺激に対して認知的評価（p.24）を行うことで、ストレスが発生する段階です。認知的評価を変える**認知の変容**によって、こころの基礎体力を上げることができます。この方法は右ページで取り上げます。

③ストレス反応時

　ストレスの影響が心身に現れる段階です。ストレス反応を緩和するためのリラクセーション技法（p.26）、心身を活性化する運動やアクティベーション技法（p.28）が有効です。

④すべての段階

　すべての段階で、周囲の人からの手助け（ソーシャルサポート）がストレスの影響を減らしてくれます。つらいときに励まし、理解し、支えてくれる存在がいることや、アドバイス（情報・知識）をもらえると、なんとか頑張ろうと思えるものです。

PART2・「5つの基本スキル」編

※認知の変容：考え方を変えるコツ

　感情的でネガティブな考え方が知らず知らずのうちに癖になっていると、気分が落ち込みやすくなり、ストレスを生み出しやすくなりかねません。これを論理的思考に変えていくことでストレスを生み出しにくくし、こころの基礎体力を上げることができます。以下のように考え方を変えてみましょう。

●思い込みから自由になる

　「絶対に〜」「〜しなければならない」などの考えは、決めつけや思い込みであることが多く、ストレスの影響を受けやすい考え方のもとになります。「それって本当かな？」「別の見方や考え方はできないかな？」と客観的に考え直したり、「〜であればいい」「〜になることが多い」と言い換えます。別の見方や考え方をすることが難しい場合は、他の人ならどう考えるかを想像したり、同じことで悩んでいる人がいたら、どんなアドバイスをするか考えてみましょう。

●ネガティブ思考から離れる

　ネガティブな言葉や考え、イメージに気づいたら、まず、身体やこころをリラックスさせましょう。そして、視線、深呼吸、キューワード、イメージを用いてネガティブ思考から離れるようにしましょう。

ネガティブ思考が浮かんだときの対処法

視線を変える	顔を上げる、遠くを見る 居る場所や位置、姿勢を変える（座っていたら立つなど）
深呼吸	呼吸に注意を向けた深呼吸をゆっくりと繰り返す
キューワード	「ストップ」などの言葉でネガティブな言葉やイメージを止める
イメージ	頭の中のスクリーンを白、好きな色、元気が出てくる色で埋め尽くす

5つの基本スキル④
注意のコントロール

※集中力ってなに?

一般に、集中力という言葉は、高いパフォーマンスを発揮するために自分の意識を特定の課題や対象物に集めて、それをそらさずに保つ能力を指して使われています。しかし、この集中力という語は心理学では使われません。心理学では、集中力は**注意**（ある瞬間や特定の課題に、意識を向けていること、考えていること）という概念で説明されています。注意には、**選択性**、**容量**、**準備性**という3つの特徴があります。

●注意の選択性

私たちは常に様々な情報や刺激にさらされています。その膨大な情報や刺激の中から、状況に応じて、あるいは、興味や関心、気構え、好みによって、最も必要かつ適切な情報や刺激を選び出して注意を向けたり、不必要な情報や刺激を無視したり、取捨選択をしています。

●注意の容量

注意の容量（キャパシティー）には限界があります。何人もの人から一度に異なる話を話しかけられたときに、すべてを同時に理解して個々に応答することは不可能です。一度にいくつものことを行わなければならない状況では注意が散漫になり、うまくパフォーマンスすることができなかったり、ミスを犯しやすくなったりします。

PART2・「5つの基本スキル」編

●注意の準備性

　情報や刺激に対して向けられる注意は、方向（内一外）と幅（狭いー広い）からとらえることができます。注意の方向と幅は、感情や気分、ストレスの影響を受けやすく、不安や緊張は、内的注意への変化（注意が自分自身に向かう）や注意の狭窄（注意の幅が狭くなり、精度も下がる）をもたらします。

※集中が途切れてしまうのは?

　パフォーマンス中に集中が途切れる場面として、他のことに気を取られたとき、集中しきって一定時間が経過したとき、疲れ切ったとき（体力的限界）、結果がはっきりしてきたり終わりが見え始めたとき、うまくいかないとき、自他に対する不満があるとき、環境要因（暑さ・寒さ、天候）などが挙げられます。

　集中力が途切れるというのは、注意が乱されている状態です。注意が乱される原因として、①内的要因、②外的要因、③外的要因と内的要因の組み合わせの3つが考えられます。

集中が途切れる（注意が乱される）要因

①内的要因	ネガティブな感情（心配、不安、悩み、プレッシャー、不満など） 疲労、慣れ、飽き
②外的要因	周りの環境（楽器、会場、設備、気温、聴衆、伴奏者、審査員など）
③外的要因と 内的要因の 組み合わせ	環境に対する自分の注意の向け方 （審査員のしぐさや聴衆の反応によって感情が動く）

注意をコントロールする方法

　注意は、あまり高まりすぎても良いパフォーマンスが行えません。緊張が高すぎると良いパフォーマンスが行えないように、必要な場面で適切に注意を向け直したり、切り替えることが難しくなるためです。

　パフォーマンス中は、適切な刺激・情報を選んで注意を向け、適度な集中を保ち、必要に応じて切り替えられる状態が求められます。注意をコントロールして良い集中状態を作れるようになるためには、①課題に注意を集める、②注意を乱されない、③注意を持続することを目指します。

※注意のコントロール力はウエイト・トレーニング方式で高める

　ウエイト・トレーニングは、重さなどの負荷をかけて筋力を鍛えていく練習方法です。注意をコントロールする力も、ウエイト・トレーニングと同じように、負荷をかけていくと高めることができます。

　普段の練習よりも少し緊張するような状況や注意が散漫になるような状況の中で繰り返し練習しておけば、たとえ、注意力や集中力が妨げられるような場面でも頭の中がまっしろになったりせず、適切な情報・刺激に対して意識を向け、集中し続ける力を鍛えておくことができるのです。

PART2・「5つの基本スキル」編

注意をコントロールする３つの力

注意のコントロール力	実践例
①注意を集める 意識を向ける対象や 視線を固定する	●単純な課題や動作をゆっくりとひとつひとつ 　意識的に行う（バランス運動など） ●目を閉じて呼吸（吐く息）に意識を集中する ●手元の小さな対象物を30秒〜１分間じっと見つめる ●遠方の対象物を、瞳の動きやまばたきを 　できるだけ抑えながら数分間見つめる
②注意を乱されない 注意を乱す要因に対する 準備と対策	●キューワードを使う ●マイナス思考を切り替える ●行動をルーティン化する ●最悪のシナリオを想定して回復する練習をする ●プレッシャーをかけた練習をする ●ポーカーフェイスを装い続ける
③注意を持続する 注意の向け方（内的 - 外的）と 注意の幅（狭い - 広い）を 切り替える	●視点やフォーカスする対象を意識的に入れ替える ●気晴らし・気逸らしをする 　（楽しいこと・嬉しいこと・快いことに意識を向ける） ●自分が今、すべきことだけを考える ●目標や夢を再確認・再認識する

注意のコントロール力を高める練習

普段の練習よりも少し緊張するような状況をつくる。たとえば

●複数の課題・動作を同時に行う

●演奏中のアクシデントを想定した練習
携帯電話の着信音、観客の咳払い・ヒソヒソ話、思わぬところでの拍手など

●誰かに演奏を聴いてもらう

パフォーマンス中の意識

※上達するにつれてパフォーマンスは自動操縦になる

　音楽を始めてすぐの、楽譜が読めなかったり、音の出し方がわからなかったときのことを覚えていますか？　五線譜に指をさしながらド・レ・ミ・ファ…とたどってひとつひとつの音を見つけたり、音の出し方や指の使い方を確認しながら恐る恐る音を出したり。このように、個々の行動に注意を向けて考えながら行っている状態は**制御的処理**と呼ばれます。上達するにつれて、ひとつひとつ意識して注意を向けたり考えたりする必要がなくなり、特に考えることもなく、自然に、自動操縦のような状態で行えるようになります。これは、**自動的処理**と呼ばれる状態です。

　自動的処理は良いパフォーマンスに不可欠な要素です。ただし、意識的に行動していないために注意や自信が阻害されたり不安に陥りやすくなること、自動化された動作に注意を向けると、かえって、ぎこちなくなることに気をつけなければなりません。

　たとえば、歩くという動作のひとつずつのステップを、順を追って言葉で説明しようとすると難しく感じるのは、歩くという動作が自動的処理で行われているためです。練習では特に難しいと思うこともなく、ミスをすることもなく演奏できていたフレーズを、本番中にふと意識してしまってミスするのも、自動化された動作に注意を向けたことによります。

　自動化された動作が途切れてしまっても、すぐに自動的処理に戻れればパフォーマンスをスムーズに続けられます。そのために、良い緊張感と適度な集中状態に入るためのスイッチを、普段から用意しておきましょう。注意のリマインダーとなるキューワード、注意を高めるポジティブなセルフトーク（自己会話）、**ルーティン**は有効なスイッチとなります。

※ルーティン

ルーティンとは、あらかじめ計画し、儀式化された一連の思考や行動の
パターンのことで、パフォーマンス前やパフォーマンス中に、心身の状態
を整えるためのスイッチとして利用されます。

ルーティンには、「こうしなければならない」という決まりはありません。
良いパフォーマンスができるようにするためのスイッチとして機能すれば、
どのような方法でも構いません。これまでのベストパフォーマンスを思い
出し、そのときの心身の状態や調子、振る舞いを再現するカギとなる行動
をルーティンとします。

最初は、ひとつの動作、ひとつのキューワード、ひとつのイメージなど、
シンプルなものから始め、慣れてきたら少しずつ修正を加え、オリジナル
のルーティンへと進化・発展させていきます。

スイッチとしての精度を高めるためにも、本番前だけではなく、日々の
練習の中でいつも同じように繰り返し行うようにします。ルーティンを習
慣化し、ルーティンそのものが自動化されるようになれば、どのような状
況でも良いパフォーマンスを引き寄せることができるようになるのです。

ルーティンとしてよく用いられる行動

● **良い演奏ができたときの本番前の行動や動作**

● **深呼吸によるリラクセーション**

● **「よし!」「行こう!」などのキューワード**

● **本番のイメージリハーサル**

● **成功イメージの想起**

5つの基本スキル⑤
目標設定

※目標達成はプロセス重視で

　やる気を保ちながら、夢や目標を現実のものにしていくためには、自分はこうなりたいというイメージをもち、どうすれば実現できるのか考えて練習計画を立てて、意図をもちながら一回一回の練習に取り組んでいくプロセスが大切です。

　コンクール優勝や、音楽家・演奏家としての成功などの結果ではなく、結果を達成するためのプロセスこそが目標となります。掲げる目標をひとつひとつステップアップしていけば、結果は自ずとついてきます。

※目標達成のためのコツ

　目標を達成するために、以下の4つのポイントに留意しましょう。

①目標に向かって取り組む期間を決める

　目標は、最終目標、長期目標（年単位）、中期目標（数ヶ月単位）、短期目標（月／週／日単位）をそれぞれ定めます。

　目標に向かって頑張り始める日（開始日）と、いつまで頑張るのか（達成期限）、目標が達成できたときのごほうびも決めておきましょう。ごほうびはモノでなくても、先生や友達にほめてもらう、ゆっくりと音楽以外の趣味の時間を楽しむなど、自分にとって嬉しいこと、楽しいことであれば何でも構いません。

　開始日には、これから目標に向けて頑張るプロセスを見守り、応援してくれる身近な人の前で、目標の内容と抱負を宣言します。紙に、目標と

「今日から［目標］に向けて頑張ります。達成できたら［ごほうび］します。」
などの宣言文、開始日を書き、署名をして、目につく場所に張り出してお
いてもよいでしょう。

②「できそう」と思える目標を立てる

　夢や願望を具体化していくためには、現在の自分自身の状況に合わせたポ
ジティブで現実的な目標を定めることが大切です。目標が難しすぎても簡単
すぎても、やる気は起きません。自分にとって重要度が高く、かつ、「頑張れば、
できそう」と思う気持ち（目標を達成できる可能性）が90％以上の目標から
始めて、少しずつやる気を高めていきます。たとえ、小さな「できた！」であっ
ても、成功体験を積み重ねていくことは、必ず次のやる気につながります。

③目標の内容は具体的・肯定的に表現する

　「納得のいくまで弾く」という目標では、何をどう納得できればよいの
かあいまいです。「ミスタッチをしない」など、“しない”目標を掲げると、
してはいけないことばかりを意識するようになってしまいます。なんとか
したいと思っている場面でどうすればよいのか、なりたい自分を思い描き、
いつ、何を、どのように、どのくらい行うのかについて、肯定的な表現を
用いて“する”目標を考えます。たとえば、「ミスタッチをしたら、目を
閉じてゆっくりと深呼吸を1回する」などです。

④自分に合った目標に作り直す

　進み具合に合わせて、難しすぎればより易しく、易しすぎればより難し
く、目標を修正しながらステップアップしていきます。うまくいかなけれ
ば、自分に合った目標に作り直して、再チャレンジすればよいのです。頑
張りが足りないから三日坊主や計画倒れになるのでは決してなく、目標が
合わなかっただけですから、できなかった自分を責めるのではなく、でき
たことやできるようになったことに目を向けていくようにしましょう。

セルフモニタリング

※夢への近道は毎日の記録にあり

　目標を達成するプロセスは、計画によって数日の場合もあれば、長ければ年単位にわたる場合もあります。そのすべてを記憶だけで把握するのは難しいものです。例として、次の質問に答えてみてください。

Q1.　昨日の練習は、

何を、どのように、どのくらい行いましたか？
そのとき、どのような気分でしたか？

Q2.　1週間前、1ヶ月前の練習は、

何を、どのように、どのくらい行いましたか？
そのとき、どのような気分でしたか？

　いかがでしたか？　昨日さらった曲やエチュードは思い出せても、1週間前、1か月前のことになると、覚えているようで、意外と覚えていないものです。

　スケジュール帳や日記、メモなどを見返して思い出せた人もいることでしょう。記録として残した情報は、思い出すためのヒントや手掛かりになります。このように、日々の情報をあらかじめ集めておくことは、目標達成に向けたプロセスにおいて、とても重要なことです。

　課題に対する取り組み、気持ちや体調など自分自身を観察して記録する方法は、**セルフモニタリング**と呼ばれます。内容は、日々の活動全般を記録するものから、特定の項目に絞ったものまで様々に創意工夫できます。例として、次の3種類を紹介します。

●練習日誌

練習日誌には、練習の内容・方法・効果・進度、練習や演奏についての思いやアイディア、体調・気分を記録します。今の自分の状態を知り、うまくいくときの兆候やうまくいかない原因を把握することができます。本番前に不安になったときに、これを開けば、本番まで何をどれだけやってきたのか、どのような思いや考えで曲と向かい合ってきたのかを客観的に振り返ることができ、自信とやる気を高めることもできます。

●本番の振り返り

記憶が新しいうちに、本番直前、本番中、そして本番後の自分自身の行動や気持ち、そのときに浮かんだ思いや考えを克明に記録に残しておきましょう。録画や録音などがあれば、それらを見ながら思い出して記録するのもよいでしょう。次の課題・目標の明確化や、コンディションを整えるための、とても貴重でとても重要な情報が膨大に眠っています。

●目標達成プロセスの記録

練習日誌と似ていますが、記録の内容を目標達成の過程に絞ります。目標を設定した理由から、計画の進捗状況、そして達成するまでの過程を記録しましょう。進み具合や変化・進歩を確認する材料にもなり、途中のつまずきやそれを乗り越える過程に、課題克服のヒントが詰まっています。

本番に自信をもって臨み、力を発揮するために、まずは、わかっているようでわかっていない自分自身を観察し、記録することからスタートしましょう。練習で取り組んできたことに対する自信のもとも、コンディショニングについての最良最善の答えも、すでにあなた自身の中にあるのです。

※セルフモニタリングは目標達成への伴走者

　セルフモニタリングは、専用のシートがなくても取り組むことができます。スケジュール帳やノートに、目標や課題がどのくらいできたのかを点数や○△×で評価し、感想や気がついたことなどを記入していきましょう。毎日、どこで、どのタイミングで記入するのか、どこに保管しておくのかをあらかじめ決めておくと、書き忘れが防げます。

セルフモニタリングの例（練習記録）

日付	できた?	メモ（感想・気づいたことなど）
4/14（月）	○	今週は課題曲の C をしっかり練習する！ 音の跳躍を 100 回くらい繰り返しまくった。
4/15（火）	◎	腕が重い……昨日はやりすぎたかも。テンポを 80 に落とした。 無理せず、丁寧にリズムを確認したらいい練習になった。
4/16（水）	△	ちょっと練習に飽きてるかも。 気分転換に他のところもさらったけど、集中力不足！
4/17（木）	○	昨日は集中できなかったから、今日は簡単な音形をゆっくり 始めてみたら、火曜日と同じくらいできた。
4/18（金）	◎	いい音がするようになってきた♪ 乗ってくるとついついやりすぎてしまうから用心しよう。
4/19（土）	×	せっかく調子がいいのに、朝から模試で練習できなかった。 イメトレだけでもやればよかった。
4/20（日）	△	昨日はお休みしちゃったから、今日こそ！　と思っていたのに また集中力が上がらなかった……
今週の振返り	**12点**	・最初、がんばりすぎて続かなかった。 ・調子がでるときとそうでないときがある。 ・来週の土・日曜日は、頭の中で本番の1日を過ごしてみる！

(注)遂行度評価の得点化は
◎:3点 ×2回　○:2点 ×2回　△:1点 ×2回　×:0点 ×1回　（計 12 点）　で行っています。

※セルフモニタリングの活用

　記録が溜まってきたら、定期的に振り返りを行って、達成度を客観的に見て評価し、計画や目標を修正します。できたことに目を向け、できなかったことは、分割してひとつずつ取り組むようにするのです。

　予定通りに取り組めなかった場合は、進み具合に合わせて計画や予定の変更が行えるよう、柔軟性や余裕を持たせた計画にすることも大切です。

　また、取り組みに付随するできごとを俯瞰的に見ていくと、思わぬ発見をする場合があります。たとえば、本番前は体調を崩しやすいと漠然と思っているなら、いくつかの本番前の時期の練習記録を振り返ってみると、

　　本番3週間前：徐々に焦り始める

　　本番2週間前：焦りがピークになる

　　　　　　　　　不安を打ち消すために練習時間が長くなる

　　本番1週間前：疲れがたまって体調が悪くなる

といった傾向が明らかになるかもしれません。原因が自分の行動パターンにあったと把握できれば、意識的に行動を変えて、うまくいかない状況を避けることができます。

　この場合は、本番前の焦り始める時期を迎えたら、

　　・気持ちを落ち着かせるためにリラクセーション技法を行う

　　・練習時間をセーブする

　　・練習記録を見てこれまでのプロセスを振り返り、自信をもつ

など、あらかじめ意識して対処すれば、体調不良を防げるだけでなく、心身ともにゆとりをもって本番に臨むことができるのです。

心理的スキルトレーニングの組み立て方

※どうやって組み立てるか？

　ここまで、「5つの基本スキル」を中心に、心理的スキルトレーニングの概要とトレーニング方法を紹介してきました。最初に触れたように、心理的スキルトレーニングを知らない人でもすでにこれらを無意識に行ってきたかもしれません。しかし同じ内容でも、心理的スキルトレーニングとして意識的に取り組むことで、まったく練習の質が異なってきます。

　また、その時々の思いつきで練習の内容や量を変えていてはなかなか結果が得られません。目的をもって、計画的、意図的に練習を進めましょう。

　心理的スキルトレーニングは、以下のような流れで組み立てます。

①アセスメント（現状分析）

　心理的スキルトレーニングに取り組む前に、最初にアセスメントを行います。アセスメントとは、現状や課題を把握し、理解・整理するために行う、トレーニングの事前評価や事前診断です。これによって、トレーニング開始前の段階における行動や思考の特徴や傾向を明らかにします。

②目標の決定

　アセスメントの結果から課題を絞り込み、トレーニング目標を決めます。

③計画を立てる

　目標が達成できるように、内容・方法（実施期間、実施頻度、実施時間）や形態などの具体的な進め方を考え、トレーニング計画を立てます。

PART2・「5つの基本スキル」編

④トレーニングの実施

計画に基づいてトレーニングに取り組み、記録をとります。

⑤課題に適したトレーニングに整える

トレーニング実施中は定期的、継続的に振り返りと効果評価を行います。進捗状況や効果に問題があれば、計画を見直し、修正します。

※うまくいかないのは原因がある

「本番前にメンタルトレーニングをしてみたけれど、本番は緊張するし、失敗するし、全然うまくいかなかった」という声を聞くことがあります。うまくいかないときは、何が原因なのかを考えましょう。

●計画的に練習しているか

本番直前に1回だけ、深呼吸によるリラクセーションや、ベストパフォーマンスイメージの想起を試してみても、思い通りの成果につながるとは限りません。もし、初めての曲をまったく練習せず、本番直前に一度だけさらって舞台に出たとしたら、大成功を収めることは不可能に近いでしょう。それは心理面の練習でも同じです。場合によっては、いつもと違うことをして逆効果を招き、いつもの力を出せなくなる可能性もあるのです。

●課題と、その課題を解決・克服するための方法が合っているか

同じ人でも、課題はその時々で変化します。「本番前はリラックスするために必ず深呼吸を繰り返す」という人もいますが、本番前だからといって、誰もが、毎回、深呼吸でリラックスすればいいというものではありません。そのときの緊張度の高さが、良い緊張状態より高いのか低いのかを判断した上で、緊張度が高ければリラクセーションを、低ければアクティベーションをそれぞれ行います。良い緊張状態になるために、何を、いつ、どのように行うかが重要なことなのです。

47

COLUMN

音楽のすばらしさに光をあてよう

PART2では、「5つの基本スキル」を紹介してきました。
ここでちょっと立ち止まって、
あなたの演奏経験を振り返ってみましょう。

今までの演奏や本番の中で、
最も印象に残っていることは何ですか?

➡ **楽しかったことや嬉しかったことが思い浮かんだあなたは**
練習前や本番前に、そのことをこころの中でつぶやきましょう。
あなたが感じている音楽のすばらしさや魅力、
音楽が好きな気持ちは、
あなたの中に秘められた力を引き出すカギとなります。

➡ **嫌だったことやつらかったことが思い浮かんだあなたは**
嫌だったり、つらかったりした中でも、
ほんの少しだけ楽しかったり、良かったことを思い出してみましょう。
同じようなことが、次に起きたときにどうすればよいのか、
本書を読みながら対処法を見つけましょう。

本番で良い演奏をすることだけが、音楽の楽しみ方ではありません。
あなたにとっての音楽の魅力や、音楽を好きだという気持ちをも
う一度思い出すことが、あなたを支えるのです。

それでは、PART3に進みましょう。

PART
3

実践編

心理的スキルを使いこなす

　PART2では、心理的スキルトレーニングを構成する考え方を見てきました。これはやってみよう、と思える練習はいくつか見つかりましたか？PART3の実践編では、これらのパーツを組み合わせた実践的な考え方と技術として、3つの力を紹介します。

●練習力

　本書では、練習を効果的に進めていく技術を「練習力」ととらえます。たとえ、毎日、何時間も練習して、幾度となくリハーサルを行ったとしても、それが本番での演奏につながらない練習のための練習、リハーサルという名の練習である限り、練習することがうまくなるだけに過ぎません。練習も音楽を楽しむプロセスのひとつではありますが、やがて迎える本番で成果を発揮できるような練習を積み重ねることが大切です。そのための要素として、動機づけ、セルフエフィカシー（自己効力感）、練習の量と質、そして練習の組み立て方を考えましょう。

●本番力

　すでにPART2で見てきたように、演奏という行為そのものは本番も練習も同じです。自分自身の様々な思いによって、心身ともに日常とは異なる状態になったとしても、緊張そのものはごく自然な反応です。あらかじめ準備をしっかりと行い、自信と余裕をもって臨めば、実力を発揮できる可能性は高まるのです。この技術を「本番力」ととらえます。

そして、本番に対する自信を構成するのは、以下の４つです。

●**本番までの練習などによる、演奏技術に関する自信**
●**日常生活や心身のコンディションなどによる、**
　セルフコントロールに関する自信
●**上記のふたつの要因によってもたらされた結果や成績など、**
　評価に関する自信
●**目標や課題の達成に関する自信**

これらについて、ひとつひとつ成功体験を積み重ねていくことが、大きな自信につながっていきます。
　また、本番後の振り返りから次に向けた課題を見つけて、より高い水準に到達するための方法を考えられるということも、ステップアップしていくために重要です。
　自信をもって本番を迎え、さらに次へと生かしていく具体的な方法を、練習段階、本番前、本番後という時系列の中で考えましょう。

●**演奏力**
　音楽とかかわる上で、練習と本番は大きな部分を占めますが、それが全てではありません。音楽家の優れたパフォーマンスには、演奏技術の巧みさに加えて、音楽を愛するこころや、音楽を通して自分自身を磨き、成長する力も求められます。
　そこで、音楽を通して演奏技術と自分自身を磨く技術を「演奏力」ととらえます。理想とする演奏家像をもち、演奏を通して相互にコミュニケーションをはかり、そして人間的に努力・成長することについて考え、優れた音楽家を目指す道筋をつけましょう。

「練習力」を高める

※本番のための練習、練習のための練習

　膨大な時間を費やして十分な練習を重ねていても、本番に限ってうまくいかなかったり、いつもできていることが本番でできなかったりすると、原因は練習不足と考え、さらなる練習に励むようになります。

　しかし、その練習がもし「練習のための練習」だったなら、本番に向けた準備や対策としての効果は期待できません。本番に臨む際に、技術面の練習だけでは心身のコンディションを適切に整えるのが難しいものです。そんな時こそ、心理的スキルトレーニングの出番です。

※本番でうまくいかない原因として考えられること

　演奏するという行為そのものは、練習でも、本番でも同じことです。にもかかわらず、本番でいつも通りのパフォーマンスができないのはなぜなのでしょうか。PART2の内容から振り返ってみましょう。

●本番に対する認知的評価の影響

　本番について「これは大切な本番」「うまく弾かなくては」「ミスは許されない」「失敗したら怒られる」と思うことで、演奏することがストレッサーになってしまっている。

●イメージリハーサルが不十分

　集中力が低下したり、アクシデントによって他のことに気を取られた場面への準備と対策ができていないために、慣れた本番になっていない。

PART3・実践編

●制御的処理への逆戻り

　本番前に不安や緊張が高まり、スムーズな動きや良いパフォーマンスの必要条件である自動操縦のような状態（自動的処理）から、ひとつずつの動作に意識的に注意を向けて考えながらパフォーマンスしている状態（制御的処理）に逆戻りしてしまっている。

　これらの背景には、本番のための練習（本番を想定した練習）、特に、計画的な心理的スキルトレーニングが十分に行えていないことが考えられます。本番で良いパフォーマンスをするためには、本番さながらに心理的・身体的負荷をかけて、練習よりも少し緊張が高まるような状況下での練習を繰り返し行うことが必要です。たとえば誰かに聴いてもらっている中で演奏したり、アドバイスやフィードバックを受ける練習、あるいは、起こりうる最悪の事態を想定した練習などです。

　また、練習を始めて、継続し、効果的に進めていくコツをつかむことも大切です。これらを順番に考えてみることにしましょう。

53

動機づけ

※やる気や意欲の原動力

　練習に限らず、人が行動するときには**動機づけ（モチベーション）**が大きく作用しています。動機づけは、行動の原因となって、行動を持続して目標に向かわせる力を指します。

・あなたが音楽を続けているのはなぜですか？
・あなたが音楽に打ち込む理由は？

　あなたは、これらの問いにどう答えますか？　その答えが、あなたにとっての動機づけです。
　答えが複数浮かんだ人もいるかもしれません。音楽が楽しいから、もっとしたくなり、もっとするから、さらにうまくなり、うまくなるから、さらに楽しくなり……と、動機づけの好循環が起こるのが理想的です。

　ここで、動機づけの特徴についてのクイズです。正しいと思うものには○、誤っていると思うものには×を回答欄に書き入れてください。

① 動機づけは、強ければ強い方がよい ‥‥‥‥‥‥‥‥‥‥‥‥‥‥（　　　）
② 難しい課題ほど、動機づけが強まる ‥‥‥‥‥‥‥‥‥‥‥‥‥‥（　　　）
③ 好きなことに取り組むときに、ごほうびがあれば、さらに動機づけが強まる（　　　）

答えはこのページの下

クイズの答え　① ×　② ×　③ ×

問題①は○と答えた人が多いかもしれませんが、実は動機づけが強すぎると空回りして、良い結果を出すことが難しくなります。

②は課題の難易度と動機づけの関係の問題ですが、難しすぎる課題では挑戦することすらあきらめてしまいますし、簡単すぎる課題も意欲を高めることにはつながりません。最も強く動機づけられるのは「ちょっと頑張ればできそうかな」と思える課題です。

では③はどうでしょうか。「ここまで頑張ったらおやつにしよう」など、目標を達成したときのごほうびを決めて頑張る方法はよくありますが、ごほうびは動機づけを阻害し、弱めてしまうこともあります。

動機づけには、ごほうびや罰、怒られる、強制されるなど、自分以外の外的要因による**外発的動機づけ**と、純粋に楽しさ、喜び、満足感、達成感を得るためだけに、その行動に向かう**内発的動機づけ**があります。

自分が行動を主導し、選択し、コントロールしているという感覚（自己決定感や自律性）は、外発的動機づけよりも内発的動機づけで高まります。それに対して、好きなことや関心のある課題（内発的動機づけによる自発的行動）に対するごほうび（他人から与えられる約束された外的な報酬）は、やらされている感じやごほうびのためにやっている感覚を強め、約束されたごほうびがなくなると行わなくなってしまうのです。そのため、ごほうびを不定期にしたり、モノではなくほめ言葉にするなど、自己決定感やできるという感覚を妨げないようにしましょう。

このように、動機づけを強くするためには、課題を現状より少し背伸びして届くかどうかのレベル、110％〜120％の難しさに設定すること、課題の達成に向けて自分で考えて行動していることを実感できる（自己決定感を高める）ようにして、楽しさ、喜び、満足感、達成感を得られるよう工夫することが大切です。

セルフエフィカシー（自己効力感）

※できそう！　と思う気持ち

　試したことがない奏法や練習方法に興味があっても、実践できなかったり、継続できずにやめてしまった経験はありませんか？　人は、「できそう」と思えばやってみようと思い、「できそうな気がしない」ならば、ためらい、取り組む前からあきらめてしまいます。このように、ある行動に対してうまくやり遂げることができそうだと見込みをもつことを、**セルフエフィカシー（自己効力感）** と呼びます。

　セルフエフィカシーを高めるには、4つの情報源を利用します。

セルフエフィカシーを高める4つの情報源

- **うまくできた経験（成功体験）を重ねること**
- **自分と同程度の技術や環境の人がうまくやっているのを見ること**
- **他の人から認められたり、ほめられたりすること**
- **気分や身体の変化に気づくこと**

※できそう！　を増やすと、やってみよう！　も増える

　できそう！　やってみよう！　と思えるようになるために必要なコツや工夫について、心理学では様々な研究が行われてきました。

　ジェームス・O.プロチャスカ博士らの研究グループは、行動科学（動機づけと行動変容の心理学）の立場から、独力で禁煙する方法について検討し、**行動変容理論**をまとめました。これは、自分自身や誰かを新たな行動へと促し、継続を後押しする様々な場面で活用することができます。

　行動変容理論では、やってみようと思うこころの準備状態を、5つのステー

ジに区切ります。時間の経過によって、ステージは必ずしも高くはならず、逆戻りすることもあります。

維持期 ●行動しはじめて6ヶ月以上

実行期 ●行動しはじめて6ヶ月未満

準備期 ●1ヶ月以内に行動するつもりがありときどき行動している

熟考期 ●6ヶ月以内に行動するつもりはある

前熟考期 ●6ヶ月以内に行動するつもりがない

　ステージが低い人は、自分の行動を変えるつもりが全くなく、行動することのデメリットに注目しやすい状態にあるので、考え・態度・知識の改善が効果的です。客観的な見直しによってその行動を継続するメリットや楽しさに気づき、できそうなことから取り組んで、続けやすくしましょう。

　一方、やってみようと思う気持ちが強く、すでに行動している人はステージが高い状態なので、行動を続けやすくするための具体的な方法を決めるのが効果的です。その行動を行うことを思い出すための工夫や仕掛けづくり、忘れてしまったり疲れていたりしてうまく実践できない場合の代わりの行動を決めておく、周囲の人に対して頑張る宣言をして励ましてもらいながら取り組む、頑張れたら自分にごほうびを与えるなどです。

　三日坊主になるのは、決して意志が弱いのではなく、ごく普通のことです。自分の行動パターンを振り返り、ちょっとしたプラスで取り組めることや続けられそうなこと、自分にとって取り組む意味や重要性が高いことから取り組むと、始めやすく、続きやすくなります。

練習の量と質

※練習は量も質も大切

　今日まで、あなたは延べ何時間、練習をしてきましたか？　音楽に限らず、どの分野でも、優れたレベルの技能・経験の獲得には最低10年を要すると言われます（**10年ルール**）。

　また、国際的な音楽コンクールで本選進出の域に達するには、13歳までに2,500時間以上、17歳までに6,500時間以上、21歳までに1万時間以上を要するとも言われています（**1万時間ルール**）。このデータをもとに、5歳で音楽を習い始めた場合の延べ練習時間を試算しました。このグラフから、早い段階から十分な練習時間を確保し、年齢が上がるとともにより長い練習時間が必要になることがわかります。

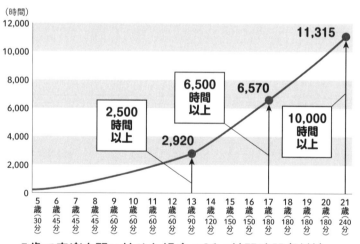

5歳で音楽を習い始めた場合の延べ練習時間（試算）
注＊年齢のあとの（　）内の時間は1日あたりの練習時間を示しています

PART3・実践編

※あたまを使って練習の質を高める

　十分な練習量（練習時間）をこなしていても、それが非効率的な練習の繰り返しであったり、内容が伴っていなかったりすれば、上達は望めません。無駄をなくし、重要なポイントを効果的に習得するための内容を自分で考えることが、練習の質を高める上で大切です。

　そのためのカギとなるのが、**メタ認知**です。メタ認知とは、自分の認識や認知（知覚・思考・記憶・学習）を、自分自身で客観的に認知することです。

　メタ認知をもつには、まず、自分自身で、どの程度上達しているか、得意なこと・苦手なことは何か、好きな練習・嫌いな練習はどういうものか、練習方法のバリエーションをどのくらいもっているかなど、現状を客観的に確認します。

　そのうえで、どうなりたいのか（目標）、そのためにどうすればよいのか（計画）、今はどうか（モニタリング）をチェックしながら練習を進めます。うまく弾けるようになるまでのプロセスに注目して、主体的、自律的、意識的に取り組むことで、練習の質を高めるのです。とはいえ、特別な練習が必要なわけではなく、たとえば次のように日常の練習に少し工夫を加えることでメタ認知を強化することができます。

・意図や目的、目標をしっかりと理解してから練習を始める
・練習の課題を今より少しだけ高いレベルに設定する
・練習内容や方法を自分で選ぶ
・音型を変えたり音を出さない練習を考えたりして、
　オリジナルの練習方法を編み出す
・練習中は今、取り組むべき課題にしっかりと注意を向ける

　練習の質が高まれば、自ずとやる気も高まり、演奏技術も向上します。練習そのものが楽しく感じられることが多くなり、音楽が好きな気持ちが増し、達成感や自信も高まって好循環が生まれるのです。

59

練習の組み立て方

　練習の組み立て方には様々な方法があり、同じ練習方法がいつも効果的とは限りません。「練習の時間配分」と「課題のまとまり」から、考えてみましょう。

※練習の時間配分：集中練習と分散練習

　練習では、何度も繰り返して課題に取り組むのが一般的です。この反復する練習の際の時間配分は、**集中練習**と**分散練習**に分けられます。

　集中練習は、休憩を取らずに集中的に練習を行い、課題の達成を目指します。じっくりと考える必要がある課題に取り組むときや、やり遂げることや達成することに強く動機づけられている人に効果的とされています。

　一方、分散練習では、練習の合間に休憩を取りながら行い、課題の達成を目指します。単純作業や暗記に効果的な方法ですが、休憩時間の取り方がポイントになるため、その工夫が求められます。

　一般に、分散練習の方が高い水準まで到達できると言われていますが、練習に休憩時間を組み込むため課題達成までにかかる時間が長くなります。そこで、十分な練習時間が取れない場合や、課題が容易な場合は集中練習の方が効率的に行えると考えられています。

※課題のまとまり：全習法と分習法

　課題のまとまりという視点から考えると、練習は**全習法**と**分習法**に分けられます。課題全体をひとまとまりにして練習するのが全習法で、曲を通すなど、全体を見通して把握できる方法です。一方、いくつかの部分に分けて練習する方法は分習法と呼ばれ、練習番号ごとにさらったり、運指だけ確認するように、課題をひとつずつ解決していきます。分習法は個々の課題を練習したあとに全体をまとめます。その進め方の違いで、完全分習法、累進分習法、反復分習法に細分化します。いずれの方法がより効果的

PART3・実践編

となるのかは、課題の難しさ、複雑さ、量、関連性によって異なります。

初心者や年少者には分習法が適していて、熟練者や年長者には全体を見通して把握できる全習法が効果的です。課題のまとまりや課題間の関連性が高くて全体が把握しやすい場合は全習法を用い、全体の量が多いときや構造が複雑で全体の把握が難しい場合は分習法を選択します。

さまざまな分習法

(a)完全分習法 $\boxed{A} \rightarrow \boxed{B} \rightarrow \boxed{C} \rightarrow \boxed{ABC}$
A・B・Cそれぞれの部分ごとに練習し終えてから全体（A+B+C）を練習する

(b)累進分習法 $\boxed{A} \rightarrow \boxed{B} \rightarrow \boxed{AB} \rightarrow \boxed{C} \rightarrow \boxed{ABC}$
Aを練習し終えたらBを練習、Bを練習し終えたらA+Bを練習し、
Cを練習して全体（A+B+C）を練習する

(c)反復分習法 $\boxed{A} \rightarrow \boxed{AB} \rightarrow \boxed{ABC}$
Aを練習し終えたらA+Bを練習し、Cを加えて全体（A+B+C）を練習する

※練習の効率を上げる

音楽家、スポーツ選手、チェスプレーヤー、医者、営業マン、教師など、様々な分野の一流の人々を研究しているアンダース・エリクソン博士は、一回一回の練習に明確な目標を設定して100%の力で短時間の練習をした方が、70%の力で長時間の練習をするより速く新しい技能を習得できることを明らかにしています。100%の力で集中して練習に取り組むためには、休息や睡眠をしっかりととることが大切で、一流の人たちの練習の行い方には、次のような特徴が共通したそうです。参考にしてみてください。

一流の人たちに共通する練習の行い方

- ●朝から練習を始める
- ●1回あたりの練習は90分以内
- ●休憩をはさんで90分以内の練習を繰り返し行う
- ●1日あたりの総練習時間は4時間半以内
  （90分以内の練習を1日に3回以内）

61

「本番力」を高める

練習段階の準備

※本番が楽しみになるために、練習でできること

　どのような状況にも対応できる力があれば、自信と余裕をもって本番に臨むことができ、練習の成果が結果に結びつきやすくなります。これが本番力を高めるということです。

　本番に強い人は、本番の緊張感を楽しむことができる、本番になると非常に高い集中状態に入る、いつもと同じかそれ以上の力が出ると強く信じている、本番での成功経験があるなどの共通項があります。本番に強いからと言って、練習や準備をまったく行わずに本番に臨んでいるわけではありません。練習で取り組んできたことが本番で100％出し切れるように、演奏面・身体面・心理面の準備を万全にし、本番でのパフォーマンスで何をどのように頑張り（目標）、本番までのプロセスで取り組んできた課題がどうなればよいのか（評価）を理解していることが大切です。

　本番力は、質・量ともに十分な練習があってこそ高まります。どれほど本番に強い人でも、まったく準備をすることなく本番に臨めば、ベストパフォーマンスとは程遠い結果となります。

　本番力を高めるために練習段階で取り組む心理面の課題は、セルフモニタリング（p.42）でも紹介した①目標の明確化、②練習記録・練習日誌の作成、③ベストパフォーマンスのためのスイッチづくりです。

①目標の明確化：動機づけの向上・維持（p.54）

　目標を明確にもつためには、まず次の問いの答えを見つけることから始めましょう。

Q1.　日々の練習に打ち込むのはなぜですか

Q2.　本番で成し遂げたいことは何ですか

Q3.　自分の音楽を奏でるためにはどうしたらよいと思いますか

　今、思い浮かんだ答えを練習日誌や楽譜などに書き残しておきましょう。本番に向かうまでの間に答えや思いの変化があれば、その都度書き加えて、自分の足跡をたどれるようにしておきましょう。目標に向かってやる気を高め、維持する手掛かりとなります。

②練習記録・練習日誌の作成：セルフモニタリング（p.42）

　練習記録や練習日誌は、自分に関する情報の宝庫です。本番直前に自信が持てないとき、焦りが生じたときに開けば、これまでの積み重ねのプロセスを客観的に確認でき、不安を払拭することもできます。

セルフモニタリングであらゆるデータを蓄積

- ●練習の内容・進捗・成果
- ●練習の課題・工夫
- ●その日のできごとや思い
- ●音楽に対する気持ち
- ●演奏で伝えたい思い
- ●考え方の癖
- ●体調面・心理面の変化　　など

③ベストパフォーマンスのためのスイッチづくり：ルーティン（p.39）

　どのような場面・状況でも、ベストパフォーマンスをより確実に引き寄せるスイッチとして、ルーティンを用います。普段から練習前に必ず行うなど意識的に繰り返して、スイッチの精度を高めておきましょう。

本番前の準備

※総仕上げの段階

　演奏面・心理面の練習を積み重ね、力を高めてきた練習段階を経て、いよいよ本番を目前に控えた本番直前期を迎えます。この段階では、練習の成果を出しやすい状態に整えていく総仕上げとして、演奏面での高い完成度を目指した練習に加えて、心身のコンディショニングに取り組みます。

①本番のスケジュールに合わせた生活

　本番前に行うドレス・リハーサルや予演会、会場でのリハーサルだけが本番への準備とは限りません。本番で演奏するためのこころと身体づくりのために、本番日と同じスケジュールで一日を過ごすようにします。本番でベストパフォーマンスのスイッチが入りやすい状態に整えます。

　会場が初めての場所や慣れていない場合は移動のリハーサルも重要です。できれば本番と同じ曜日の同じ時間帯に、本番の日と同じ移動手段、同じルートで会場まで行ってみましょう。もし、本番当日とすべて同じスケジュールで過ごすのが難しい場合は、本番の時間に練習をしたり、本番の時間に合わせて生活時間（起床、食事、入浴、就寝など）を調整したりしてみましょう。

　また、ずっと本番のことばかりを考えて過ごすのではなく、一日のなかで生活を楽しむ時間、気分転換の時間を意識的に取り、心身のバランスを保つようにしましょう。休息をしっかりと取り、"本番スイッチ"をオフにしてリラックスすることも、本番力を高めるための大切な練習のひとつです。

② 本番に臨むこころづくり

　本番前の時期になると、不安や緊張が高まったり、心配やマイナス思考が次々と浮かんでくるようになるかもしれません。そのような気持ちの変化は、誰にでも起きるものです。それらを受け入れ、練習日誌でこれまでの練習の積み重ねを確認したり、過去の成功経験を振り返ったりしながら、音楽への思いや伝えたいこと、良さや楽しさに注目し、今できる最善を尽くすことに集中します。

　不安や緊張への対処として、深呼吸などのリラクセーション技法（p.26）、笑顔（口角を上げる表情）をつくる、自信のあるふりをする、憧れの演奏家や理想の演奏家になったつもりで過ごす（p.22）などの方法があります。

　身体とこころは、合わせ鏡のように連動しています。こころの状態が身体の状態を変え、身体の状態や姿勢、動作がこころの状態を変えます。調子が悪いと思えば、身体に力が入らないような感覚や、ため息が出たりしますが、幸せや自信に満ち溢れていると感じるときには、自然と笑顔になり、顔を上げ、胸を張って、背筋も伸びています。逆に、笑顔や、顔を上げて堂々とした態度を取ると、幸せな気分やパワフルな力を感じられるようになります。自信のあるふりをしたり、憧れの演奏家や理想の演奏家になったつもりで過ごすというのは、身体の状態を自信のある良い状態に保ち、こころも自信のある良い状態に整えることなのです。

　舞台に上がる前に、これまで積み重ねてきたこころのトレーニングを思い出してください。身体のこわばりや力み、迷いや不安とは無縁です。手足は温かく、呼吸は深くゆっくりとしています。やる気や集中力が高まり、自信もあります。なすべきことにフォーカスできています。視線はやや上方、重心は低く、地に足が着いていて、ゆったりと安定した余裕のある動きができます。周囲の状況や変化に適切に対処することができます。

　さあ、準備は万全です。

本番後の振り返り

　演奏の後、気持ちが高ぶった状態が続くと心身ともに疲れます。軽い練習やストレッチ、顔や手を洗う、深呼吸をしながら演奏を振り返るなどしてクールダウンし、こころと身体をメンテナンスする習慣をつけましょう。

※次の本番のために、できることがある

　さて、本番は、明らかな成績がつけられるか否かにかかわらず、パフォーマンスに対して自分と他者の評価がついてきます。

　練習の初めに目標を立てるときは、収めたい結果（たとえばコンクール地区大会通過）を掲げます。それと同時に、どんな表現を目指し、それに必要な技術を高めるためにはどのような練習をどのくらい行うかの計画を立てるものです。このように、ふたつの視点から目標を考えているのですから、結果についても、単に成績や順位など自分自身でコントロールできないものを唯一の評価のものさしにするのではなく、そこに至るプロセス（自分が立てた目標を達成するための努力）、これまで練習してきたことが発揮できたか、目指していた演奏や表現ができたかという点を評価することが大切です。

※成功と失敗の考え方

　自分では満足な演奏ができたと思えないのに、コンクールで1位になったとき、あなたはどのように感じるでしょう？　「ラッキー！」「結果さえよければOK！」と思うことはなかなかできず、かえって自信を失ったり、これまで以上にプレッシャーや不安が強くなってしまうかもしれません。たとえ金賞や最優秀賞をとっても、目標を達成できなかったら、手放しでは喜べません。このような状況は、心理的スキルトレーニングで一般に用いられる**成功と失敗の考え方**の図では、左上の**失敗**に該当します。

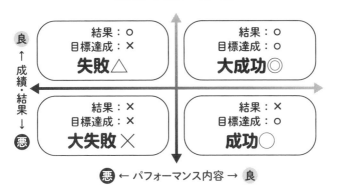

　反対に、「感謝の気持ちを込めて弾きたい」「今の自分のありったけで思い切りよく弾き切りたい」など、自分自身が練習してきたことや夢の実現のためのプロセスとして定めた目標が、本番で十分にできたと思うことができれば、たとえ良い結果ではなかったとしても、満足感や達成感、自信を手に入れることができます。具体的な課題も見つけられて、次の本番へとつながっていくので、これは**成功**ととらえます。満足のいく演奏で結果を残すことができれば**大成功**ですが、まずは目標を達成できたか、自分の視点をもつことを大切にしましょう。

　成績や点数、合否、ミスタッチの有無といった明らかな結果を基準にした評価を**結果評価**といいます。結果評価だけで成功や失敗をとらえてしまいがちですが、本番までのプロセスにおける頑張りや成長・達成などの**経過評価**を重視することが大切です。成功と失敗を結果評価と経過評価のふたつの軸からパフォーマンスを振り返るようにしましょう。さらに、目標としていた演奏ができたかどうかの**自己評価**と、講評や会場アンケートなどの**他者評価**のふたつの視点からもとらえるようにします。自分自身が自らの良き指導者、良きコーチとなるよう、大成功を手に入れることができるイメージを描き、大好きな音楽を楽しんで練習を重ねてください。

「演奏力」を高める

　いよいよ、総まとめの演奏力です。本書では、演奏力を演奏技術の習熟だけでなく、音楽を通じた人間的成長を包含するものとしてとらえ、すばらしい音楽家を目指す力として考えます。まずは、すばらしい音楽家とはどのような人のことなのか考えてみましょう。

※機械的熟達者と適応的熟達者

　上達や習熟について研究している北村勝朗博士は、優れた技能をもった人（熟達者）を二通りに分けています。**機械的熟達者**は、手際が良く、速く正確にできる人のことです。反復練習を繰り返すことによって、機械的熟達者になることができます。もう一方の**適応的熟達者**は、手際の良さに加えて、相手が望むものを柔軟に提供できる人です。この二者の違いは、周囲の環境に対する興味や関心の有無によって生まれた差が、知識や技術、能力の向上に影響していると指摘されています。

　速く正確な技術は優れた演奏に欠かせませんから、適応的熟達に至るためには機械的熟達をクリアする必要があります。適応的熟達者にステップアップしようとしたとき、カギとなるのは、自分で判断し、行動することによる自律的成長だとされます。こころに響く演奏をするためには、演奏環境や観客から何を求められているかを自分で理解する必要があるのです。

PART3・実践編

※音楽家のエクセレンス

エクセレンスとは、卓越したすばらしさを意味する言葉です。音楽の場合は、パフォーマンスの結果（パフォーマンス・エクセレンス）と、健康や幸せに関係する資質を獲得すること（パーソナル・エクセレンス）の二面からとらえられます。国際的に活躍する著名な音楽家30人に「すばらしい音楽家とは？」とたずねたインタビュー調査では、下の表のような回答が報告されています。

この研究にも表れているように、音楽家の優れたパフォーマンスには音楽への専心と人間的成長が必要とされています。演奏技術を高めることに加えて、自ら人間的に成長しようとすることが、すばらしい音楽家になるプロセスには欠かせないのです。

音楽家のエクセレンス　すばらしい音楽家とは？	
専心性	●音楽やうまくなることに対する専心性
目標・夢	●自己の人間的な成長に関する目標 ●音楽に関する目標 ●演奏を通じて表現したり感動を伝えることに関する強い思い
自己感覚	●自分という感覚の強さ（自尊感情、自信） ●控えめな態度
エクセレンスの視点	●継続的な成長／目標 ●長期的展望 ●ポジティブ・シンキング ●自分自身や人生を自分でコントロールできる ●音楽に対する変わらぬ愛情・愛着、楽しさ ●演奏前・演奏中の集中
音楽家としての 内面的資質・素養	●創造性：解釈、自己表現のプロセス（視覚化、イメージ化） ●自然発生的なもの：ひらめき、インスピレーション、即興 ●柔軟性：状況や流れに応じた対応

Talbot-Honeck & Orlick(1998)より著者による改変

音楽とコミュニケーション

※伝えて、受け取り、理解を深める

音楽を演奏したり聴いたりするときには、様々な**コミュニケーション**が行われます。コミュニケーションとは、メッセージの送り手と受け手が同じメッセージを分かち合うために、言語や文字のほか、視覚・聴覚・触覚・嗅覚など五感に訴える様々な方法を介して相互に交流するプロセスです。

コミュニケーションスキルは円滑なコミュニケーションと相互理解を深めるために用いられ、伝える力と受け取る力から成り立っています。

※音楽でつながる、音楽とつながる

演奏場面におけるコミュニケーションは、次に示す4つの次元で考えることができます。

演奏場面における
コミュニケーションの4つの次元

---

①作曲者と演奏者

②演奏者間

　　独奏者と伴奏者　　指揮者と演奏者　　オーケストラのメンバー間など

③演奏者と聴衆

④演奏者を媒介とした作曲者と聴衆

演奏者間で息を合わせたり、アイコンタクトをすることによって演奏のタイミングを計るのは非言語的コミュニケーションです。さらに、演奏者—聴衆間のコミュニケーションとして展開される、響きやメロディーを通した感情表現や、作曲者と演奏者または聴衆の間で展開される、時代や文化を問わない感情的意図伝達の試みも、非言語的コミュニケーションです。

PART3・実践編

　レッスンの指導・教授場面や練習場面では、演奏技術や演奏方法、楽曲に対する理解を深めるために、演奏者と指導者との間で言語的・非言語的コミュニケーションが展開されます。指導者からの教示や演奏に対するフィードバック、意見交換、学習者からの質問や理解内容の確認などの言語的コミュニケーションに加えて、指導内容への理解を踏まえた演奏などの非言語的コミュニケーションも活発です。

　練習場面では、練習者自身の内的な対話、楽器や音楽、作曲者との対話が行われます。ひとりで練習しているときも、実はコミュニケーションを行っているのです。

※音楽を通して身につく力

　学校で音楽を教える先生方に、音楽を通して身につく力についてたずねてみたところ、人間的成長やこころの成長とともに、「言葉を交わさなくても、リズム・音・音色で通じあうことができる」「音楽を通じて様々な感情を経験している」「相手のことを思って人の話や気持ちを聴けるようになる」といった回答が寄せられました。

　先生方が挙げた音楽を通して表現する力、感性や感受性の豊かさ、他の人とともに行動する際に役立つ力（協力、思いやり、共感、相手の痛みがわかる、相手を慮る）は、音楽を学ぶ人たちが共通してもっている強みだと言えるでしょう。これらの強みは、心理・社会的スキルやコミュニケーションスキルに該当します。

　送り手が伝えようとしているメッセージを、受け手が送り手と同じ意味で受け取り、分かち合えれば、互いの理解を深めることができます。音楽をすることはコミュニケーションを図ることにつながっていると理解して臨めば、独奏でもアンサンブルでも、演奏の楽しさがもっと広がることでしょう。

成長的マインドセット

　成長のプロセスは、常に順風満帆ではありません。伸び悩んだり技術の壁にぶつかったりすることは、誰しも経験します。そんなときに成長に大きく影響するのが**マインドセット（心的態度）**です。マインドセットとは、考え方や物の見方、こころの持ち方を意味します。思うようにいかないとき、どのようなマインドセットで臨むかがその後を左右するのです。

　ひとつ例を挙げましょう。心理学者のキャロル・S.ドゥエック博士は、困難に直面すると無力感に陥る子どもがいる一方で、困難な課題に積極的に取り組み続けることができる子どもがいることに注目しました。
　ドゥエック博士は、10歳の子どもたちを集めて難しいパズルを解かせたとき、「なかなか解けない問題って大好き！」と取り組み始める子どもや、「このパズルをやると頭が良くなるよ、きっと！」と目を輝かせて取り組む子どもに出会いました。その子どもたちは、難しくても頑張ればできるようになると信じていました。うまくいかなくても、「できない」「失敗した」「自分はダメだ」と決めつけることはしませんでした。今はまだできないけれど、きっとできるようになると考え、チャレンジすることをあきらめませんでした。ドゥエック博士は、このような考え方を「**成長的マインドセット**」と呼びます。
　一方、パズルができるかどうかによって知能や才能、能力が評価されると考えた子どもたちもいました。その子どもたちは、知能や才能、能力は最初から決まっていて、変わる可能性がないと考えていました。そのため、「難しい」「できない」「失敗した」といった現在の状態にとらわれて、「無理だ」「ダメだ」「能力がない」と決めつけ、あきらめてしまいます。彼らは、自分がいつかできるようになる可能性を信じることができなかったのです。このような考え方を「**固定的マインドセット**」と呼びます。

※「まだ」を信じる力

　この例から読み取れるように、成長的マインドセットと固定的マインドセットの違いは、できるようになる可能性に注目するかどうかです。その差は、成功してほめられたときに、何をほめられたと考えるかに影響し、その後の動機づけへとつながっていきます。

　成長的マインドセットの人は、自分が変わることができると信じて努力のプロセスに注目するため、ほめられたのはこれまで頑張ってきたプロセスが認められたからだと考えて、さらに意欲的に取り組み、難しいことにも挑戦し続けます。

　一方、固定的マインドセットの人は、才能や能力、知能が高いからほめられたのだと考えます。しかも才能や能力は変わらないものだとも考えているため、困難を努力で克服しようとしません。失敗を恐れるようになったり、難しそうなことから逃げてしまったりするようになるのです。

　才能がないから、練習してもどうせできるようにはならないと考えるよりも、才能や能力は伸びるものだと信じ、たとえ今はまだできなくても、練習すればできるようになると考えた方が、課題を克服する努力や挑戦を続ける力になります。できるようになると信じて、できるようになっていくプロセスを楽しみながら練習に取り組むことや、その日の練習でできなかったことよりも、できたことやできるようになったことに注目して振り返ることが、成長を続けていくためには大切なのです。

グリット―やり抜く力

マインドセットと関連が深い概念として、**グリット**という考え方が近年注目されています。グリットとはものごとをやり抜く力のことで、情熱を保つことと、粘り強く行動することというふたつの要素があります。

ここでの情熱とは、ひとつのことにじっくりと取り組む姿勢を指します。長期間、同じ目標に集中し続ける力でもあります。

粘り強さ（根気）とは、挫折にもめげずに取り組む姿勢のことです。必死に努力したり、挫折してもあきらめずに立ち直ったりする力です。

心理学者のアンジェラ・リー・ダックワース博士は、グリットは生まれもった才能の有無とは関係ないと指摘しています。さらに、ものごとを高い水準で達成するには、動機づけの持続性と関連があるグリットの方が、才能よりも重要だと明らかにしました。

ダックワース博士は、努力と才能について、このように述べています。

「努力によって初めて才能はスキルになり、
努力によってスキルが生かされ、
様々なものを生み出すことができる」

誰かと比べることができたとして、2倍の才能があっても、2分の1しか努力しなければかないません。自分なりに目標をもって、以前はできなかったことをできるように、根気強く努力し続けることこそが、成功の秘訣なのです。

PART3・実践編

※成長の可能性と努力への注目

　才能や能力は伸びるものだと信じ、今はまだできなくても、練習すれば
できるようになると考えれば、今はまだできない課題の克服のための努力
や挑戦を続けていく力が生まれてきます。「できるようになる！」と強く信じ、
できるようになっていくプロセスを楽しみながら練習に取り組みましょう。
そして日々、できたことやできるようになったことに注目しながら、あき
らめず、粘り強く、努力を続けていくことが大切です。

※ゴールは自分の音楽

　ここまで本書を読んできて、いかがだったでしょうか。

　ひとつの本番は、生涯にわたって続く長い道のりの通過点に過ぎません。
ゴールは、もっと遠く、高いところにある自分の音楽です。さらなる高み
を目指して、結果や成績ではなく、準備や取り組みのプロセスについて、
できたことや良かった点に注目して振り返りながら、それらの良い面をさ
らに伸ばすべく、新たな課題にチャレンジし続けていくことを忘れないで
ください。

　すべては、ベストパフォーマンスと自分の音楽のために。

　あなたの夢は必ず実現します。

おわりに

　私がピアノを習い始めて数年後、小学4年生だったころのこと。発表会のステージで、突然、頭の中がまっしろになりました。次のメロディーが浮かばず、鍵盤の上を動く指に任せて何とかしのいだときの、背中を伝う冷や汗の感覚や、焦るばかりの気持ちを、今でもはっきりと覚えています。

　そんな初めての緊張になすすべのなかった私と、音楽が大好きな気持ちとは裏腹に、本番が少し怖くなることのあるあなたに読んでもらいたいと考えながら筆を進めました。本書が、あなたの元気と笑顔をそっと後押しして、あなたが音楽をもっと好きになり、本番の日を迎えることが待ち遠しくなる一助になれば幸いです。

こころのトレーニングは、知識を増やすだけではなく、練習や生活の中で取り組んで、いつでも、どこでも効果的に使えるようになってこそ意味があります。本書を読み終えた今、あなたは「どうしたらいいかわからない」という悩みに別れを告げ、新たなステージに向けてスタートラインに立ったところです。これからの取り組みの中で、「なるほど！」「これだ！」という数多くの発見に出会い、自分オリジナルのこころのトレーニング法を確立していくことでしょう。その道のりは、とても楽しい、チャレンジとなるはずです。

　そして音楽は、人としての成長をもたらすこころの糧です。音楽を通じて得た経験やスキルは、毎日の生活の様々な場面においても、未来をより豊かにする大きな力になります。生涯を共に歩む友として、これからも音楽を愛し続けてください。

　最後に、音楽とのご縁をつないでくださったばかりでなく、音楽家のメンタルトレーニングの実践について考えるきっかけや様々な課題・ヒントを与えてくださった武蔵野音楽大学の先生方に深く感謝を申し上げるとともに、本書の執筆にあたって多くの示唆とご尽力をいただいた株式会社音楽之友社の星村あかねさん、出版部の皆様に心よりお礼申しあげます。

大場 ゆかり

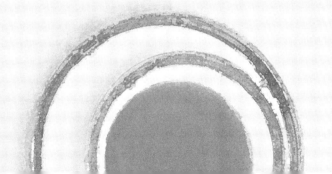

こころのトレーニング　キーワード集

アクティベーション技法　　p.28
activation
　緊張度（覚醒水準）が低い場合に、パフォーマンスに最適な水準に整えるために行われる緊張のコントロール法

イメージ　　p.20-23
imagery
　感覚刺激が存在せずに感覚経験に類似して生起し、心理的効果をもたらす内的な体験。心の中に描く絵のようなものとしてとらえられることが多いが、視覚的なものに限らず、五感それぞれに存在する

イメージトレーニング　　p.22-23
imagery training
　イメージを活用した心理的スキルトレーニング。イメージという内的体験を通して、技術の習得や改善、リハーサル、心理面の改善・対策等、現実場面でより望ましい成果を期待することができる

イメージリハーサル　　p.21-23
imagery rehearsal
　これから行おうとする行動をイメージの中で予行演習すること。イメージトレーニングの一種

逆U字曲線　　p.25
inverted-U hypothesis
　緊張度（覚醒水準）とパフォーマンス（実力発揮度）との関係を示す概念図

キューワード　　p.28-29
cue word
　やる気の出る言葉、自分を励ましたり奮い立たせるような言葉、集中を高める言葉、スローガンなど、自分のやる気スイッチを入れる言葉

筋弛緩法　　p.26-27
muscle relaxation
　筋肉の緊張と弛緩（力を入れたり抜いたりすること）によって心身のリラクセーションを得る方法

緊張のコントロール　　p.24-29
arousal control
　緊張度（覚醒水準）をパフォーマンスの遂行に最適な状態に調整すること

呼吸法　　p.26-27
breathing
　呼吸による心身のリラクセーション技法。呼吸に意識を向け、ゆったりとした腹式呼吸を行う。呼気（吐く息）から始め、吸気（吸う息）より呼気を長く行う

心理的スキルトレーニング　　p.10-11
Psychological Skills Training(PST)
　最高のパフォーマンスをもたらすための理想的な心理状態を実現するためのスキル（技術・技能）を身につけ、適切な場面で適切なスキルを有効に活用できるようになることを目指す心理面の練習。一般には「メンタルトレーニング」と称される

ストレス反応 p.30-32
stress responses
　ストレッサーによって生じる心身の反応

ストレスマネジメント p.30-33
stress management
　自分のストレスを自分で予防し、コントロールすること

ストレッサー p.30-33
stressor
　ストレス反応をもたらす原因

セルフトーク p28-29
self-talk
　自己会話。こころの中のつぶやき。声に出したひとりごと

セルフモニタリング p42-45,62-63
self-monitoring
　目標に向かう取り組みのプロセスを自ら観察し、記録すること。取り組みの進捗状況の確認や改善に有効

ソーシャルサポート p32
social support
　周囲の人からの有形・無形の手助け

注意 p.34-38
attention
　ある瞬間や特定の課題に意識を向けていること、あるいは、考えていることを指し、①選択性、②容量、③準備性という3つの特徴からとらえられる

注意のコントロール p34-39
attentional control
　集中力を維持・向上することや、パフォーマンス中に意識を向ける方向や量をコントロールすること

認知的評価 p.24-25,30-32
cognitive appraisal
　外からの刺激や変化をどう受け止め、どのような意味づけをするか

目標設定 p.40-45
goal setting
　目標達成に向かうプロセスを確実なものにするために、具体的かつ実現可能な目標を定めること。取り組みにあたっては、期間を決め、セルフモニタリングを併用して実施する

リラクセーション技法 p26-27
relaxation
　過度な緊張や不安を和らげ、パフォーマンスに最適な緊張度（覚醒水準）に整えるために行われる緊張のコントロール法。呼吸法や筋弛緩法が用いられることが多い。一般には「リラクゼーション」と称される

ルーティン p38-39
routine
　あらかじめ計画し、パターン化・儀式化された系統的な思考や行動

著者プロフィール

大場ゆかり（おおば・ゆかり）

九州大学大学院人間環境学研究科博士後期課程修了。博士（人間環境学）。武蔵野音楽大学専任講師。スポーツ選手・音楽家等を対象とした心理的スキルトレーニングやストレスマネジメント、キャリア教育の実践・研究を行っている。武蔵野音楽大学では、「メンタルトレーニング入門」等の講義を担当している。

本書は、月刊誌『ムジカノーヴァ』（音楽之友社）における以下の記事をもとに、大幅に加筆・改稿し単行本化したものです。

「演奏家のための心理的トレーニング」（2011年10月号〜2012年3月号）
「ケーススタディで学ぶベストパフォーマンスのための心理学」
　（2012年6月号〜7月号）
「レッスンに笑顔を運ぶメンタルトレーニング」（2013年1月号〜12月号）
「先生力スキルアップ講座：行動科学に基づいた指導法とメンタルトレーニング」
　（2014年1月号〜12月号）
「本番に強くなるための4つのステップ」（2015年3月号）
「本番で自分の音楽を奏でるための心理的スキルトレーニング」
　（2015年7月号〜8月号）

もっと音楽が好きになる こころのトレーニング

2017年11月30日　第1刷発行

著者 ── 大場ゆかり
発行者 ── 堀内久美雄
発行所 ── 株式会社　音楽之友社
　　　　　〒162-8716　東京都新宿区神楽坂6-30
　　　　　電話　03(3235)2111(代表)
　　　　　振替　00170-4-196250
　　　　　http://www.ongakunotomo.co.jp/

装丁・組版 ── ツヨシ＊グラフィックス（下野ツヨシ・下野恵美子）
印刷・製本 ── 共同印刷株式会社

©2017 by Yukari Ohba　Printed in Japan
ISBN978-4-276-31603-4 C1073

本書の全部または一部のコピー、スキャン、デジタル化等の無断複製は著作権法上の例外を除き禁じられています。また、購入者以外の代行業者等、第三者による本書のスキャンやデジタル化は、たとえ個人や家庭内での利用であっても著作権法上認められておりません。
落丁本・乱丁本はお取替いたします。